U0004792

我們就此
分手吧

從兩個人到一個人,
最暖律師淚光閃閃諮商日記

崔唯娜──著　金炫元──插畫　陳品芳──譯

這個律師跟你想的不一樣……

P 律 師 _FB 專頁漫畫法律人生經營者／《法官的日常》作者

這本書畫出律師的日常生活。

律師的日常和連續劇演的不一樣。我們看連續劇時，劇裡的律師一次只負責一個案子，律師結束眼前的案子才會展開下個案子的劇情。但是，現實的律師要同時負責很多案子。

而離婚律師的日常，除了研究案件法律爭點、撰寫書狀外，還要同理當事人與處理當事人的情緒，更可以觀察夫妻到哪幾個時間點容易爭吵與提出離婚。這本書說：「結婚第一年，夫妻為了找到婚後生活平衡點而爭吵；生了小孩後，夫妻因為子女教育觀而爭吵；結婚多年後，因為想找尋自己的人生而爭吵；當小孩長大搬出去後，只剩下兩人。」

如果還想知道更多離婚律師的日常與所見的人生百態，就看這本書吧！

有些人要在獨處時
才會感到自在。

但如果問他們獨處時
是否最感到幸福……

啾

啪

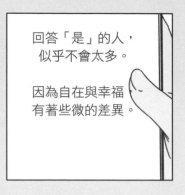

回答「是」的人，
似乎不會太多。

因為自在與幸福
有著些微的差異。

我們明知道獨處時最自在，

卻仍不斷追求幸福。

我們持續愛著，

不明白想跟這個人
一起生活的感情，
究竟是真實還是錯覺。

就在做出選擇的那一刻，

成了兩個人，
開始共度人生。

開始共度..

我們什麼時候
要吃晚餐？

你是要我去準備嗎？
我也才剛下班吧！

不是啦～
我只是問一下什麼
時候吃而已啊。

我們明明知道，
跟某人一起生活
這件事非常不方便。

卻因為彼此都是第一次
與他人變成家人，

彷彿永無止境的爭吵到最後，
我們會在不適與幸福之間
找到妥協的方法，

並進一步學會更深刻的幸福。

我們也會回歸成一個個體，
選擇幸福的樣貌。

人們相遇、分離，
然後結婚、離婚。

為了兩個人一起生活而結婚，
離婚後再重回一個人的生活。

時而幫助人們離婚，時而阻止人們離婚，這是一個律師的故事。

目錄 ————————

第一章_ 於是，我成了離婚律師

第二章_ 專長是吵架，興趣是安慰

第三章_ 我們到此為止吧

第四章_ 都是為了幸福才做這些事

第一章

於是，我成了離婚律師

沒想到會成為律師

學生時期，好朋友向我傾吐煩惱。

為什麼……

為什麼會離婚呢？

好想安慰她，但我該怎麼做？

要不要去福利社？我請客。

我請客的機會不多喔～

……

煩惱了一整晚，想出的方法……

輕拍
輕拍

嗚嗚嗚嗚嗚嗚！

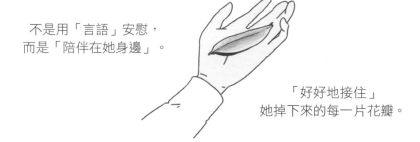

不是用「言語」安慰，而是「陪伴在她身邊」。

「好好地接住」她掉下來的每一片花瓣。

全心全意地對她好。

那時，朋友露出的微笑，
讓我感到很幸福。

比起上百句批評，
我先選擇安慰。

就算他們離婚，也不表示
他們不愛妳了啊。而且妳還能
從他們那邊分別拿零用錢。

哦？

這件事妳爸媽
肯定不知道吧？

建議和解決方法都之後再說，
這也算是一種「軟硬兼施」吧。

我喜歡提供朋友們意見。

學業問題……家庭問題……

尤其是戀愛問題，呵呵。

該怎麼說呢？就是大家來找我諮詢，
我提供意見，狀況往好的方向發展，
會讓我覺得很開心。

喜悅。
愉快的感覺。
感覺就像我是一個「有用的人」，
是一個「被需要的人」。

是受到這些經驗的影響嗎？
大學主修英文的我……

沒想到最後竟成了律師。

反正妳都會吵我上課，
妳先出去！

　　這是國二上生活科技課時發生的事。老師進到教室，劈頭就說「崔唯娜先離開教室」，我問為什麼，老師回答說：

　　「反正妳會一直吵得我沒辦法上課，妳先出去！」

　　國高中時期，我是一個每天都會替自己找樂子的學生。我就是大家嘴裡那個「光是丟石頭都能自得其樂」的人。我很喜歡跟人相處，更喜歡跟人說話，所以上課時我總會主動跟隔壁同學聊天。要是不能說話，我就會傳紙條。當然，老師不怎麼喜歡我這樣的學生。有一次，社區讀書室的老闆甚至跟我抱怨說：「每次有新的學生要來，我都會問他們『認不認識崔唯娜』」，還說「要是有崔唯娜的朋友來我們讀書室，那這裡肯定會變得很吵，所以我都不讓他們來這裡讀書。」

我為什麼會對朋友這麼好奇？也許是因為我對人類非常好奇，所以我總是在想，諮商師或是仲裁者或許就是我未來的職業。

　　俗話說牛牽到北京還是牛，考上律師已經八年過去，我還是那個很愛主動跟人搭話的我。聽不同的人說故事、跟他們產生共鳴，提供他們安慰或是建議等，依然是我最有興趣的事，這也讓我總是對自己的職業充滿感激。

_____爸爸是對的

二十三歲的某一天，
爸爸來學校找我。

我
要去考教職。

妳的個性這
麼急，有辦法
教小孩嗎？

這就是你的目
的嗎？一直否定我
的夢想，就是希望
我去當律師？

有大學畢業就好了吧？
幹麼要我一直讀書……
哼。

我希望妳能
放開心胸接受所有
可能，仔細想清
楚再決定。

在爸爸看來，
我的寶貝女兒很適
合替人諮詢，幫忙
別人解決問題。

考取律師資格者研修結業式

於是我開始學法律，
最後終於考上了律師。

而總是陪在我身邊，時而像朋友，
時而像導師，跟我一起摸索未來，
彷彿會永遠陪在身邊的爸爸……

則在我當上律師的那年去世了。
就如爸爸所想的一樣，
律師是我的天職。

＿＿於是，我成了離婚律師

這案子也交給崔律師來負責吧，好嗎？

好的！

我的第一份工作是在仁川，當時有許多離婚訴訟案。

啊呵！遲到了！

我又負責了一件離婚訴訟。這不知道是最近連續第幾起離婚訴訟了。

那個壞蛋在外面不止有一、兩個女人～嗚嗚嗚……

是因為我是女律師嗎？
還是因為仁川的離婚率全國第一呢？

離婚訴訟最看重顧客諮詢，
而我也喜歡提供諮詢。

我會在沒辦法了才外遇啊，律師小姐，妳根本不會懂啦。

這又不是妳的事情。

問題是……

有時候我會覺得自己
好像人格分裂，
必須不斷轉換自己的立場。

別太晚回家了，這次的事情得要好好規劃才行。

今天跟金律師約好了要打高爾夫。

我覺得很累。
律師的生活跟連續劇裡演的都不一樣。

我是因為喜歡替人諮商
才選擇當律師的，

我就說了嘛！
正恩說他爸爸
手術很順利！

真的嗎?!

卻沒有人……能夠為我諮商。

上班、一堆便利貼……
都是前一天累積的離婚諮詢內容。

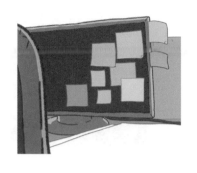

持續不斷的
諮詢……諮詢……諮詢……

開庭……開庭……開庭……

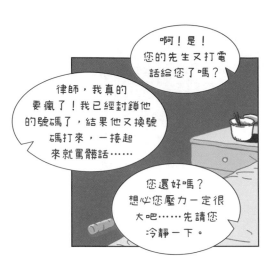

啊！是！
您的先生又打電
話給您了嗎？

律師，我真的
要瘋了！我已經封鎖他
的號碼了，結果他又換號
碼打來，一接起
來就罵髒話……

您還好嗎？
想必您壓力一定很
大吧……先請您
冷靜一下。

雖然我喜歡這份工作，
卻也覺得很吃力。

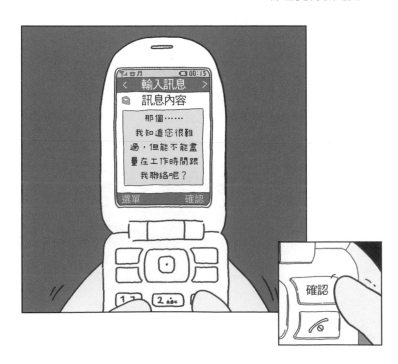

就這樣，我成了一名離婚律師。

律師要做到
什麼程度？

　　我很討厭連續劇裡的律師。無論面對任何危險，只要一通電話，他們都會萬死不辭地衝去幫忙。他們在法庭上比當事人更激動，會想盡辦法讓對手無計可施。

　　現實與連續劇差距很大。在剛開始執業的時候，我還不知道該如何一下子應付這麼多案件與委託人，委託人卻期待我跟連續劇裡的律師一樣熱血，讓我覺得很吃力。委託人無時無刻不撥電話給我，我都不得不接。我的手機會有好幾十通未接來電，一進到辦公室便看到桌上貼滿了請我回電的便條。開完庭、回完電話之後，我的一天就過去了。有些電話確實很重要，但大多數都是委託人感到不安而打來的確認電話。

　　委託人想多聽律師跟自己講幾句話，或許會因為跟我通上電話而感到安心，我卻越來越沒有時間寫必要的

法律文件。我總是因為說太多話而聲音沙啞。我的時間
與能力有限，要做的事情卻越來越多，使我工作的效率
逐漸下滑。好幾年來我一直在煩惱：「究竟哪些是屬於
我真正該做的事？」

　　連續劇裡的律師都只負責一個案子，但現實中的
律師卻要同時，至少每個人要負責三十個，多的甚至
要同時負責七、八十個案子。要兼顧與委託人的溝通，
同時也必須把自己該做的文書工作、與對方律師的協商
工作、新案件的諮詢工作完成。如果想同步完成這麼多
事，就必須排出事情的優先順序。

　　提供委託人溫暖的安慰固然重要，但有時候為了委
託人的權利，與其重複說明相同的事情，還不如把時間
拿去多找一則相關的判例作輔助。所以我們在訴訟時，

除了會聽到委託人說「律師，你真的好貼心，謝謝你」
之外，有時也會聽到「律師好冷漠」的批評。我們不得
不這麼做，也必須這麼做。

　　我們需要掌握每一個案件最重要的核心，並且決
定優先順序，而排序的標準取決於委託人。有些人會握
著我的手，告訴我說只求離婚，不在乎金錢跟其他的一
切。面對這樣的委託人，幫忙爭取到離婚並提供安慰，
自然是第一要務。而對於那些想盡量爭取到更多財產的
人，則是以金錢的報酬為第一優先。了解委託人重視的
事情之後，我才能配合他們完成自己的工作。我最需要
在乎的不是他人的視線或評價，而是委託人的需求。就
這樣，我成了離婚律師。

別告訴別人你的職業

大學時的死黨要結婚了。

死黨要結婚了,一方面讓我開心,
又讓我心情有些難以言喻。

我忙得焦頭爛額，
然後才想起自己忘記
訂製祝賀花籃的事。

結婚典禮當天。

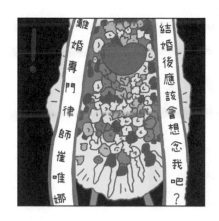

為了解釋那天的花籃慘案……
我差點要沒命。

另一場結婚典禮。

啊，真的嗎？
真的、真的很
恭喜妳～

您好～
我想要訂購
花籃。

署名請幫
我寫上律師
崔唯娜。

我把上次的教訓當成借鑑。

離婚兩個字請
務必幫我拿掉。

上次真的超
級尷尬……

小聲
叮囑

做足了萬般的準備，
漂亮的花籃也順利送抵現場。

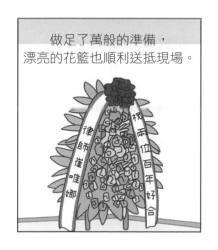

好緊張
喔……

叮鈴

我們法律事務所也有機會上台演
唱花了一個月準備的祝福曲。

聽說祝福曲是由一
組很特別的樂團精
心準備的，這些人
真是多才多藝呢！

看來他們做了
很多準備。

對啊♥

好，那就
開始吧～♥

哇啊一

我負責彈鋼琴！

41

我們又傻傻地把法律事務所
的名片遞出去，而司儀也沒
有事先彩排過這一段……

那次之後我變得非常小心，也沒有再發生類似的慘案，但偶爾還是會遇到尷尬的情況。

崔律師，好久不見了～

好久不見～您好。

請坐這邊～

謝謝～

這很奇怪吧，這個人說要出去釣魚，結果整整三天都沒回來，

這可以是離婚原因嗎？

大家一看到我就問離婚的事情，
很容易讓氣氛變冷。

離婚律師的
結婚祝福曲

　　我一直有組大學生樂團、上班族樂團的夢想，但直到出社會很久之後，才終於有機會實現。不是什麼多了不起的樂團，就是每週三晚上六點，同事們聚集到我的辦公室，花幾分鐘演奏自己會的樂器，完全不在乎演奏是否完美。如果當天安排客戶諮詢，那也可以不來參加，是個完全沒有約束力的聚會，所以有時候一個月甚至合奏不到一次。不過那還是我人生中不可或缺的樂趣之一。

　　我們在同事的結婚典禮上演出過兩次祝福曲，就這樣一點一滴累積舞台經驗。第一次的祝福曲沒有任何樂器伴奏，是以清唱的方式演唱，帶給大家許多歡笑；第二次的祝福曲則加入了幾件樂器，收到大家簡單的掌聲。

　　離婚律師唱結婚祝福曲，可能會讓人覺得有點奇怪，但我們相信自己祝福他人婚姻的心情絕對不遜於任何人。以後我們也會繼續練習的！

＿＿連醫院也不能去了，真是的

……感覺好像在哪裡見過他。

五年前——

我先生是醫生，他跟年輕護士外遇了。

居然……

請問您有他外遇的證據嗎？

這是醫院更衣室監視器拍到的畫面。

更衣室的監視器？
這不可能是醫院裡的監視器。

最後委託人哭著回去了。

我其實可以理解
委託人不得不出此下策。

但避免提出可能害委託人
身陷危險的證據才是對的。

幾天後——

律師！律師！

我找到了！證據！！

我錄到對話！！

沒錯……真的很抱歉，但既然事已至此……

儘早結束跟院長的關係怎麼樣？

手機錄下了委託人與和院長外遇的護理師對話的內容……

以這一份音檔為證據，最後爭取到了贍養費。

……

……

我也很愛他，好嗎？

我為什麼要逃跑？T_T
我又沒做錯任何事～TT

在暴力的恐懼面前

為委託人做過許多離婚諮詢，
我發現暴力不分年齡層，一直都在我們身邊。

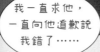

為什麼沒做錯事的人
卻要乞求原諒呢？

結婚前，
我曾經有個很讓人火大的經驗。

嗯，我
再十五分鐘
就到了。

嗯，
ㄎㄎㄎ

到漢江去吃炸雞
喝啤酒？好啊～♥

噗
嚕
嚕

從那一刻起，我再也不用去問委託人為什麼明明沒錯，卻還要一直乞求原諒了。

乞求

那時的我既不是崔唯娜律師，
也不是名叫崔唯娜的女人。

踢

呀呵！

在對暴力的恐懼面前，
我就只能為了生存而掙扎。

就在我迫切需要他人幫助的
那一刻……

隔天，我跑遍附近所有
店家，找到昨天幫忙的
那名男子並向他道謝。

謝謝您
……

真的很謝
謝您。

哎呀，不
用謝啦～

小姐，妳一定
要提告喔。

我願意當證人，
妳一定要提告，
知道嗎？

但很抱歉，
我沒辦法向那個駕駛提告。
因為我怕他可能會報復我。

好……我會
提告的……

律師，
委託人來囉。

啊，
好—

不過，就像那位先生見義勇為
一樣，我決定也要更用心地幫
助受暴力所苦的委託人。

領悟了何謂
真正的恐懼

　　那應該是二○一三年秋天的事。下班之後，我很想趕快跟國中同學會合，一起到漢江喝啤酒，於是便忍不住加快車速。那時我還不太熟悉開車，只要一有人按喇叭，我就會覺得「應該是我犯了錯」。那天也是，有人在後面一直大力按喇叭，正當我的視線在車裡車外的後視鏡來回，思考我是不是犯了什麼錯的時候，隔壁車道一名六十多歲的男性駕駛，便開始大聲辱罵我。他先是在我旁邊開了一下，然後加速超過我，切到我所在的車道，並把車子打橫，硬是擋在我前面。

　　這一切發生得太突然，而且我也從來沒遇過這種事，完全想不起來之前周遭親友都叮囑過我「如果有人挑釁，絕對不要下車」「車子一熄火，行車記錄器也會關掉，絕對不能熄火」之類的話。我立刻熄火並下了

車，問他「請問有什麼事嗎？」就在那一刻，他朝著空中揮了一拳，像是要打我一樣。

　　而我的反應卻讓我自己都感到驚訝。在這個一點也不合理的狀況之下，身為律師的我竟然只能說出「我錯了」「請饒過我」之類的話。我的雙手不聽使喚、自動合十，拚命向對方乞求。當下實在太可怕了，我連哭都哭不出來。過去主修語言、主修法律的我，有生以來第一次遇到語言與法律都派不上用場的時刻。

　　這件事之後，在處理家暴案件時，我不僅會感到憤怒，更能夠同理委託人感受到的恐懼。當然，那天的我並沒有受到任何生理上的傷害，但也足夠讓我明白，那究竟是怎樣的一種恐懼。

　　分享這個生活中的小插曲之後，我獲得了大量的留言，也讓我再一次驚訝，世上竟有這麼多人經歷過這種

事。這是很多人都經歷過的創傷，卻從來沒人能夠主動說出口。

在漫畫中，出來幫助我的是生魚片店的老闆，但其實我的救命恩人，是仁川鶴翼洞手機行的老闆。後來我又去找他，他問我怎麼沒有對那個人提告、怎麼沒有請他去當證人。我很感激他的見義勇為，但一方面也覺得很抱歉。其實，在我熄火之前，行車記錄器有拍下那名六十多歲駕駛的車牌號碼、對我罵髒話的聲音，甚至是他的長相。但羞愧的是，我害怕被報復，所以無法向他提告。直到這個時候，我才親身體驗到對暴力的恐懼，能夠使人變得多麼膽小。

我總會想起那一位老闆，謝謝他沒有對身陷恐懼的我視而不見。世上還有許多人，正為了改變這個世界而默默做著自己能做的事。我要持續向他們學習。

_____我留長髮的原因

擔任律師第五年的某一天——

那天的諮詢，
持續了約一個小時。

就算沒律師，該做的還是要做啊。

我應該會自己提告吧。

嘩啦

那個人絕對不可能......

會做報復律師之類的事情。

您應該很擔心吧......真抱歉......

那您先生......

已經因殺人罪坐幾年牢了呢？

已經要五年了。

當時讀小學的孩子，現在都上國高中了......

這段時間我接觸了很多案子，沒想到竟然會有當事人牽扯上殺人……

說不擔心絕對是騙人的。

他是個一般的父親，
而且還對孩子很好。

第一次開庭。

庭上，

被告犯下殺人這種無可饒恕的罪刑，我的委託人無法再與他維持婚姻關係。

被告在服刑期間，原告持續前往與他會面，且持續與被告有書信往來。

兩人的婚姻關係並未破裂。

婚姻關係在五年前就已經破裂了。

原告只是在對孩子的爸爸盡該盡的義務而已。

雙方可以再提出額外的證據。

本庭會在下一次開庭做出判決。

被告當然也不想離婚。

下一次開庭,
被告方也只有律師出席。

被告後來出席了。

驚

請原告律師發言。

身為人的「我」跟身為律師的
「崔律師」，經常會發生衝突。

……原告？
請發言。

原告強烈希
望離婚。這段婚
姻關係已經宣
告破裂。

為了不讓原告
繼續活在痛苦
中，希望庭上
能判離婚。

遮住

好可怕
T_T

請被告
發言。

最後這個案件以宣判離婚告結。
但因為這件事情讓我覺得太不好意思了，
所以我才開始留起長頭髮。

＿＿＿律師！你怎麼換說法了？

很多人認為律師的價值觀
與道德觀都非常明確。

嗯……這也是有可能的。

但在法庭上並不是這樣。

真的……

好難過……

最近負責的案件中，
有一名女性因為丈夫外遇，
而有意向第三者請求賠償。

庭上,

只憑一張從背後擁抱的照片,不能斷定就是外遇。

好朋友之間也可能會有這種程度的肢體接觸。

······

抄一寫

外遇是個人臆測。

可以看到照片前面放有一個生日蛋糕。

如果男女雙方只是普通朋友,在生日這天單獨見面是很奇怪的事。

嗯······

這有點不好判斷。

幾天後，我再度見到辯方律師。

卻是在另一個案件上，
而且我們立場對調。

到底是誰説律師的
價值觀很明確的……

我的第一次證人詰問

我偶爾會想起成為律師之後的
第一次證人詰問。

證人請
就座。

是。

......

那是一個證人的夫人,
對證人的外遇對象
提出損害賠償的案件。

被告（第三者）一直否認外遇，
並聲請原告的先生出庭作證。

這是我第一次體驗以前只在電視上看到的證人詰問……

證人是否記得與被告進行「不當行為」的

特定住宿場所叫做什麼名字？

……
……
……

妳是問在哪間汽車旅館嗎？

……
啊！
對……

是哪間汽車旅館？

我説得很迂迴，
證人聽完替我修正了問題，
我反而很感激他。

吵雜

我說話很迂迴，證人回得很直接，被告則很憤怒。

氣到發抖

在法庭上妳是原告代理人，而證人就只是證人，

原告律師，

即使證人是長輩，但不需要以過度有禮貌的方式詰問。

法官的一番忠告，也讓我開始認清自己在法庭上的角色。

是！我知道了！

與被告維持不當關係期間，性行為的次數大概是幾次？

證人！

你有沒有提供零用錢給被告過？

啊啊……

數不清了。

嚇一跳

零用錢嘛，每次會給個二十萬韓元左右。

*約四千七百元新台幣
編注：全書韓幣換算以二〇二四年三月匯率為主。

如果是每次，那就能看成是有代價的性行為了。

錢是被告向你要求的嗎？

緊盯

對，是她先勾引我，也是她主動跟我要錢的。

拜託，真的是……

被告‧辯護人

證人！

原告只是為了維繫家庭關係而沒有提告，但證人同樣也違反了法律，你知道吧？

拜託，什麼叫「同樣」！

最一開始就是那女人勾引我啊!!

這世界上有哪個男人被女人勾引會不上鉤?!

她才有問題好不好，被勾引的男人哪有錯？我好歹也有維持住我的家庭啊！

最後，考慮到證人（原告的先生）支付給被告的金額，法官判被告（外遇對象）須賠償給原告的金額，高出一般的離婚訴訟案。

我也明白到，證人會這麼理直氣壯，是因為他認為自己一點錯也沒有。

而那天聽了法官建議的我，決定好好研究，看怎麼樣能對證人提出更直接、更尖銳的問題。

法庭是
能合法吵架的場所

　　在第一間事務所負責的眾多案件中，有一個案件讓
我印象深刻。那是一對七十多歲的夫妻，先生經營一間
餐廳，並跟餐廳的員工外遇，太太向先生的外遇對象提
出損害賠償。我負責替原告辯護，並提出了文字簡訊內
容、汽車旅館付款明細、原告匯零用錢給被告的明細等
證據，被告卻強烈否認犯行。她主張，原告是一個人去
那些旅館，他們互傳的簡訊也都只是開玩笑，匯款明細
則是餐廳工作的業績獎金。

　　無可奈何之下，只好把承認所有外遇事實的先生找
來當證人。其實現在的離婚案件，或是因外遇而提起的
民事賠償訴訟，已經很少會聲請證人出庭了。但我當上
律師的第一年，卻有不少能詰問證人的經驗。

　　以前都只在電視上看到，這還是我第一次做證人

詰問，所以非常緊張。而且證人的年紀甚至超過我的兩倍，是一位非常年長的長輩，更讓我不知該如何是好。我用是否承認不當行為、場所、頻率等專有名詞，證人反而回得非常直接，還反問我幹麼把話講得那麼難懂。讓我有些不好意思，又有些感激他。

這時法官說：「律師與這位先生是以代理人和證人的身分站在法庭上，不需要用在法庭外對待長輩的態度來對待證人。過度的尊稱在法庭上反而顯得不自然，請原告律師盡量避免。」

法官對我的當頭棒喝，讓我意識到自己身為律師應盡的本分。律師是個需要吵架的職業，無法避免站在某一方那邊跟另一方吵架。而且依法規定，法庭就是能合法吵架的地方。我在法庭上依照自己的個性行事，其實

反而疏忽了我自己的本分。那天之後，我便把法官的忠告記在心裡，自己研究出更冷漠且直指要害的方式來詰問證人。

孤獨的律師美食家

律師通常一天都有三到五個庭要開。

好忙，
好忙～

雖然在同個地方開庭就會很方便，但也經常有上午在首爾，下午在大邱……要跑全國各地開庭的狀況。

肚子好
餓……
嗚……

今天我就一整天都在開車……

有時候會遇到只開五分鐘的庭。

因為都是一個人跑開庭，
所以也必須自己一個人吃飯。

我剛開始當律師的那一、兩年，
常常一邊吃飯捲，一邊急忙趕開庭，
但現在……

我開始成為「孤獨的美食家」。

我一個人吃～得很開心，呵呵。

第二章

專長是吵架
興趣是安慰

_____離婚律師，結婚了

二〇一三年，我有一個
交往五年的男友。

就跟其他的情侶一樣，我們的
個性、成長背景截然不同，
但交往過程意外地非常順利。

就這樣，
離婚律師結婚了。

結果不是像老公當初說的穿著婚紗
辦婚禮那麼簡單……

結婚、生養孩子，我體驗
了許多這輩子從未想像過
的事情。但是……

這也讓我更深刻地理解另外一個
人。而如果沒有結婚，我肯定也不
會有這樣一個無比珍貴的孩子。

別忘記無論結婚還是離婚，
終究都是為了自己的幸福。

希望我們能偶爾把心中被生活掩
蓋的情感拿出來看一看。

希望我們偶爾能夠享有這一點小小
的奢侈。無論是我，還是各位。

無法把我的案件
委託給未婚律師

　　我從二十多歲開始執業，從當律師的等一年起，便負責了許多離婚訴訟。我想成為專門的離婚律師，事務所的代表律師也大力支持我。就在掛上離婚組組長的頭銜，我覺得自己終於能夠盡情處理離婚案件的某天，一名五十多歲的委託人跟我說：

　　「唉呀，妳還是個孩子吧。律師，妳結婚了嗎？我不能把我的案件委託給二十幾歲的未婚律師。」

　　他說離婚是人生中的重要大事，不想把這種事情委託給沒結過婚的我。我有信心能夠處理得好，但我也能理解對方的心情，所以實在無法要他試著相信我一次。只因為沒有結婚就沒拿到委託，讓我覺得非常委屈。我只能下定決心要求自己「比其他律師多聽一些意見、比其他律師多思考一些，並試著讓委託人能夠成功提

告」。

　　時間流逝，現在的我結了婚、生了孩子，也有過夫
妻吵架的經驗。現在多少能夠理解那位委託人當時為什
麼會這麼說，也能夠同理他們的心情。現在我知道了。
律師是否結婚，象徵的是委託人想知道律師是否知道家
庭有多珍貴、是否知道委託人要放下這麼珍視的東西有
多麼痛苦，又是反悔了多少次才決定找上律師。

＿＿＿這輩子是第一次結婚

近來頻頻有新婚夫妻離婚。

*約七千元新台幣

另一個案件。

您為什麼決定要離婚呢？

結婚十個月了，我先生卻一週才回家一次。

他根本是跟酒結婚吧……

……

他每天都在喝酒，然後睡在朋友的租屋處。

您想必很難過吧……

您有跟他提過嗎？

我講過好幾百次了！

他卻說我們結婚才沒多久，我就開始對他碎碎唸，他覺得很煩。

他在收入方面還有跟父母的關係都還好嗎？

跟我公婆在一起時他對我很好，但因為他幾乎不在家⋯⋯

將在嗶聲後轉接到語音信箱⋯⋯

OO信用卡

收入的話，他每天都在喝酒，幾乎沒剩多少錢。

但您還是再好好跟他談談吧⋯⋯

我完全想像不到我們的未來。

搖頭

我想在生小孩之前好好處理這件事。

要維持結婚前的生活，

又要維繫結婚後的生活，
實在不是件容易的事。

我們從何時開始，
變成讓彼此痛苦的存在？

跟孩子之間也必須建立許多規則，
況且是夫妻之間，
那會需要多少規則呢？

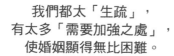

我們都太「生疏」，
有太多「需要加強之處」，
使婚姻顯得無比困難。

建立規則是每一對
夫妻必須持續面對的課題。

結婚第一年，兩人會為了找到婚
前婚後生活的平衡點而爭吵。

結婚第五年，為了子女教育觀、工
作與人生的價值觀差異而爭吵。

結婚第十年，又因為開始想
找尋自己的人生而爭吵。

結婚第二十年，
過去訂下的規則漸漸失去作用，
兩人又開始爭吵。

結婚第三十年，子女搬出去獨立，
只剩下兩人，生活越來越尷尬。

兩人必須配合新的生活，做出妥協。

無止盡的爭吵、妥協之後，
迎來的是幸福。

婚姻生活沒有正確答案。

但如果幸福的感覺比爭吵更強烈，那就表示
彼此正在為對方做出巨大的犧牲與努力。

該和怎樣的人
結婚

「該和怎樣的人結婚呢?」

也許是因為我工作的關係,遇見未婚的人,常常
會聽見他們這麼問。七、八十歲的老人家常說「跟誰結
婚都差不多啦」,離婚律師做了這麼久,似乎能理解這
是什麼意思。那不是一種悔恨感,不是在說不管跟誰結
婚都沒什麼了不起,而是在說無論跟誰結婚,要共同相
處數十年都不是件容易的事。他們說的是人際關係的本
質。

我經常發現在朋友之間或在職場上獲得好評的人,
在家庭裡可能會造成很大的問題。也看過一些犯下刑事
案件,仍獲得配偶支持的人。所以該和怎樣的人結婚這
個問題,我還沒有找到一個明確的答案。

不過從事這份工作的同時,我也有了未來等孩子

長大之後想對他說的話。那就是：「跟會吵架的人結婚。」不吵架的人絕對是無條件忍讓，這樣反而不好。知道吵架的時候才能清楚傳達自己的主張，好好依照彼此的理想調整狀況的人，才是能做好每件事的人。

在訴訟的過程中，我也遇過許多刻意隱藏自己真實想法，挑起無謂的爭執以模糊論點，最後卻無法將自身觀點傳達清楚的人。即使忍不住委屈、憤怒，氣得想要落淚，都不應該直接將情緒宣洩出來，而是要以更明智的方式表達。我在這麼多年的婚姻生活與社會生活中，領悟到這一點確實至關重要。

擅長吵架，真的很重要。

_____我腦海中的橡皮擦

有一個案子，
我一直很期待開庭。

室長，明天金恩淑女士的案子要開庭吧？

對，妳等了這麼久，終於就是明天了呢。

我就只是……

一個做飯的人而已……

有一些人這一生都只為家人犧牲，
絲毫沒有顧及自身權益。

能夠幫助他們，我很開心。

五號證物的信件當中能夠證實，被告一與被告二兩人，維持外遇關係超過十年。

⋯⋯⋯

這不是真的！那封信只是朋友之間互相往來的書信而已！

判決⋯⋯怎麼樣了？

第一次開庭結束，

他們果然否認了多年的外遇關係。

看來應該要提交出入境紀錄了。

查閱了出入境的資料後，

被告方卻提出了反訴。
內容是說原告疏於照顧家務，
要求原告支付贍養費。

證據是沒有清洗的碗盤，
還有堆積如山的待洗衣物。

真是個手段高明的人。居然為了因應離婚訴訟，提前準備這種照片。

庭上，查詢出入境紀錄的結果，過去十年來，被告一與被告二一同到海外旅遊約二十次。

下一次開庭。

我們沒有!!

不是，我們是跟同學一起出去旅行！

不像那個人跑去泰國玩，連家務都不管，我還有提交照片當證據吧，法官大人！

如果您否認這個事實，那請您針對每一次出國的時間，提出同學的出入境紀錄與合照的照片。

放開我啦！放手!!

依照原告方的主張以及查詢的回覆，可確認被告一確實與被告二一同出遊。請被告一提出反駁證據。

我還讓這個該做家務的女人去旅行……

真是個忘恩負義的女人!!

請您冷靜，請冷靜……!

被告一! 在法庭上請注意你的言詞!!

……

充斥胡言亂語的
第二次開庭結束……

我每天早上都
幫他熬粥，只為
了幫他解酒……

午餐幫他帶
便當，晚餐則是
經常煮火鍋。

他卻說
我都不做家
務……

您別這麼
說……

您的先生只是
想辦法合理化他
的錯誤而已。

人被逼上絕路什麼都做得出來，
一想到對方是自己曾經愛過的人，
實在很讓人難過。

123

喂？律師？
有什麼事嗎？

在準備下一次開庭的某一天，
外遇對象的律師打電話來。

我們不打算反
駁你們提出的
出入境紀錄。

被告願意付
賠償金，我
們和解吧。

看狀況變得不利，
其中一名外遇對象便提議和解。

原告（夫人）
與被告二（外遇對
象）和解了啊？

被告一（先生），
被告二都承認了，你
還要繼續否認嗎？

在與外遇對象一調解的過程中，
被告也十分頑強。

嗯？

我們也願意支付賠償金，來進行協商吧。

真的嗎？那我確認一下當事人的意願再跟您聯絡。

最後外遇對象二也提議和解。

我不想繼續打官司了。就拿適量的賠償金吧……

就照我老公的要求，財產以三比七拆分吧。我只要有一棟小房子就好……

我明白您的心情，您肯定覺得很累。

不過您跟您先生的事情，還是交由法院來判決，好嗎？

兩位結婚很久，三成真的很不恰當。

雖然現在您會這樣想，但時間一久，您會後悔的。

……

原告對每一件事情都非常不安。

被告十分頑強，
但其他人卻不想配合他。

三個月後——

雖然先生最後還是上訴，
但我的委託人也越來越堅定了。

我很感激這個訴訟過程，
並不只是給原告帶來痛苦，
更給了她勇氣。

_____離婚事件的真正主角

某天，我去外縣市開庭時……

幾天後，醫院——

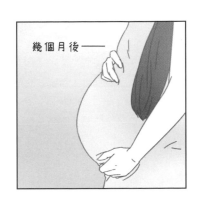

我的身材嬌小，
卻跟一名體格壯碩的男性結婚，
孩子的體格似乎是像到爸爸。

我的肚子非常大，結果每次進
法院，大家都會讓路給我。

孩子出生之後，
我盡心盡力地扶養他，
也成為真正的媽媽……

面對離婚訴訟的心情，
也和過去有一百八十度的轉變。

嗚啊啊啊
啊啊啊～

嗚啊啊啊
啊啊～

過去在訴訟中，
我一直認為孩子是無關的第三人，
但現在我知道，孩子其實是主角。

無論孩子的父母決定維持婚姻，
還是決定離婚，
我都能深深同理他們的心情。

尤其在爭取扶養權的
時候更是如此。

庭上！
孩子的父親一
直以來都在對
孩子施暴！

絕對不能
把扶養權交
給父親。

綜合所有情況，
決定將扶養權交
給孩子的母親。

希望這世上所有孩子
都能幸福。

像所羅門王的法官

聖經裡有所羅門王的故事。
故事中說到
為了找出孩子真正的母親，
所羅門王決定把孩子切成兩半。

我遇過一對年齡都在三十歲出頭的夫妻。

兩人有個剛滿五歲的孩子，
他們為了孩子展開激烈的扶養權爭奪戰。

父親拍下母親帶孩子
去酒館的照片傳給我，

母親則在法庭上指責父親
假裝自己是個好父親，
但平時根本不照顧孩子。

其實要透過這些證據
來決定扶養權，

對法官來說是非常辛苦的事情。

因為他的判決很可能會改變孩子的人生。

審判長入座，在場所有人請起立。

如果是一般的訴訟，到了這個時候應該能夠決定要把扶養權交給爸爸還是媽媽……

接下來四個月，讓原告跟被告每一個月交換一次。

兩人都試著照顧孩子吧。四個月後我會看結果，親自做出判決。

但這位法官不一樣。

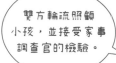
雙方輪流照顧
小孩，並接受家事
調查官的檢驗。

看看孩子跟誰在
一起的時候，在情緒
上會比較穩定。

這個做法真的很有智慧，
實在讓人無法反駁。

給四個月的時間，也是考慮
到夫妻可能有機會和解。

律師，那個
扶養權啊……

在等待下一次開庭期間，
我聽說了孩子的狀況。

怎麼樣了？

那個……

嗯……就是……
孩子都不講話吧，
調查官問他話，
他都不回答。

……

這就……
完全沒辦法調查
吧。因為孩子都
不開口……

孩子都知道。

只要他說一句話，
就可能讓爸爸或媽媽感到困擾。

法院的扶養調查沒有中斷。

這樣的干涉有時是好的，
能讓爸爸媽媽用心對待孩子。

這自然也是因為
法官明智的處世態度。

爸爸，
幹得好！

鏘！成功救
出兔子娃娃！

不過為什麼你自
己不當主角，要讓
爸爸當主角呢？

嗯……兔子
娃娃是媽
媽……

什麼
……？

離婚是夫妻分離，
但不是跟孩子分離。

無論把孩子的扶養權給誰，

民洙，
爸爸跟媽媽就算
離婚了⋯⋯

爸爸跟媽媽對孩子來說，

也不會跟
民洙分開，還是
會在一起～

永遠都是爸爸跟媽媽。

時代在改變，
不再像過去那樣，
爸爸或媽媽無法獲得扶養權，

就會跟孩子永遠分開。

就算離婚了，
只要跟孩子相處在一起，
就能夠過得非常健康。

法官多給他們四個月的時間，
會不會就是想說這些呢？

希望他們幸福。

把諮詢做好的祕訣

　　不久前，有個朋友來找我談他的煩惱，他說：「妳現在當了律師，太努力幫我解決問題了啦。妳只要同理我的感覺就好。」畢竟我的工作是提供他人解決之道，有時候我會忘記，在擁有這份職業之前跟人對話的方式。

　　聽了朋友的話之後，我覺得：「我的工作是提供別人法律上的解決之道，會不會是因為這樣，讓我忘記了應該要先同理別人，然後再尋求解決方法？」這也讓我「想要回歸初衷」。

　　在聽完朋友的煩惱後，我可以說：「原來如此，你應該很辛苦吧。」聽完委託人的描述之後，我可以回答：「您應該很痛苦吧？現在讓我來為您說明法律上的解決方法。」這就是把諮詢做好的祕訣。

　　先同理別人。

極限職業──父母

律師，
我媽媽跟老婆一天到晚
吵得很凶……

甚至還動手……

一名二十歲出頭的男性委託人來找我。

是您的母親動手打了媳婦嗎？

啊，不是這樣的……

是我太太打了媽媽一巴掌。

什麼？

聲明

1. 我，金○○再也不會動手打婆婆。
2. 我承認已經對她施暴兩次。

聲明人：金○○

那個……

結婚的時候，
我媽媽說不會幫我們買新房，
從那時開始她就很不滿。

後來她趁年節時跟我媽吵
這件事，然後就……

這個案件最後以被告支付
原告贍養費告終。

後來我又接到另一起委託。

媽,妳有看到這一份事業企劃吧?只要三個月就能賺回兩千萬韓元喔~

我老公一直想跟我媽媽要她省吃儉用存下來的錢⋯⋯因為他想做生意,但還缺兩千萬。

*約四十四萬元新台幣。

媽媽拒絕了嗎?

對⋯⋯

我就說過了,洗好的衣服要攤開來晾乾!!

這樣隨便晾起來,衣服曬乾會很皺!!

但被拒絕之後,他就一直覺得我媽媽沒為我們做什麼,對每件事情都有怨言。

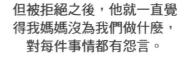

……

啊……真讓
人難過……

庭上，日記就只是日記而已，偷看日記根本是侵犯個人隱私。

奇怪，我也會在別人看不見的地方批評國家啊，

有必要因為這樣就離婚嗎？

對於離婚這件事，原告的意志非常堅定。

請盡快討論財產分割與瞻養費的事宜，結束審判吧。

那麼今天雙方就協議，分割百分之五十的財產給女方，另外支付一千萬韓元的瞻養費。

*約二十二萬元新台幣。

被告

原告

所謂的父母……

真是極限職業呢……

1966. 4. 18.

敏珍滿周歲

生下孩子之後還要餵飽他、
讓他穿得暖、把他養大……

然後把孩子送進禮堂……

1992. 3. 24.

敏珍一定要幸福

這不是因
為媽啦~

沒辦法給孩子更多，
會覺得很有罪惡感。

2019. 4. 18.

跟親愛的媽媽一起

這世上所有的父母……
謝謝。
還有對不起。

_____沒有終點的時間之旅

電視劇裡偶爾會出現很
不親切的律師角色。

不管說什麼，
都會被他打斷……打斷……

站在諮詢者的立場，
當然只會感到生氣。

但律師並不是多聽委託人
講話就一定是好事。

有一些委託人會直接準
備好需要的東西過來。

兩小時後——

老三第一次帶老公回家的時候也是被打。

那時候應該是用掃帚吧～

老三的話，是一九七八年庚寅年嗎？

我過了五十歲之後，他就越打越凶了。

……真是辛苦您了。

能不能先談談去年您先生對您施暴的事呢？

不是啦，等一下！等一下！

這就是要從頭開始聽才會知道啊!!

也有一些不了解訴訟流程，只顧著說自己要
說的話，被打斷還會生氣的委託人。

上次我講到哪裡了？啊，說到生了老大以後不做家事～

然後下一次再來，
又會從以前的故事開始講起。

您被打得這麼嚴重，是怎麼忍下來的……

我相信狀況跟立場的影響大於性別的個性……

我們那時候就是認為到死都要跟一個人到老，所以拼命忍耐啊……

但現在經常覺得，我們似乎欠了上一個世代很多。

然後我被打得最凶的時候……

因為擔心這樣下去會死，所以就逃走了……

我躲在矮牆邊⋯⋯
五歲的兒子拉著我的衣角⋯⋯

媽媽，

要去哪裡？

⋯⋯

兩位結婚超過六十年了。

我們要求被告一半的財產。

我已經說得很清楚了，

除非是死，否則休想離婚。

被告，

就算錢都是你賺的，依法你也必須分一半給原告。

調解委員

我這輩子拼了命在幫別人做維修賺錢。

居然要我分一半給她？

被告

這根本就跟小偷沒兩樣嘛！

我選擇用這樣的方法，向過去
的世代償還「心的債務」。

我會盡量理解雙方說的話，
並試著找出能協商的交集。

然後奶奶又開始講起
很久以前的故事……

奶奶漫長歲月的悔恨,
我要怎麼去感受呢?

幾天後,奶奶跟兒子來拜訪
我並向我道謝。他們雙手提
著滿滿的水果跟年糕。

那個……我想問您一件事，

您已經忍了數十年，為何會決心要離婚呢？

我花了很多時間大力說服我媽媽。

小時候媽媽哭著逃出家裡的眼神，我到現在都還記得很清楚……

啊……原來如此。

您就是當時的孩子。

奶奶說話時老是會跳回一九五〇年代，跟她諮詢就像是在進行沒有終點的時間旅行。

這也表示奶奶一生漂泊，
始終都在吃苦。

最後，由看著奶奶一路走到現在，如今
已長大成人的兒子，以那雙曾經稚嫩的
手護送著奶奶，直到人生的終點。

我們都欠了
上一個世代一些債

　　我常看新聞報導晚年離婚的人數大幅增加，也經常有人來邀請我談談其背後的原因是什麼。

　　很多人都是在孩子成年之後才決定離婚，或是讓子女離婚之後才來找我，表示自己也要離婚。這些人經常覺得「自己完成了人生的課題」。對他們來說，婚姻生活不知從何時起，就成了為扶養孩子彼此必須合作完成的課題。

　　「我的義務已經盡了。」

　　「已經忍得夠多了，現在我想要自由過生活。」

　　直到成為律師之後我才終於知道，現在大多數年輕世代難以想像的嚴重家暴、慣性外遇等，其實有很多人都是為了孩子的安危而忍耐、視而不見。

　　包括我在內的年輕世代，應該試著想一下我們在日

常中享受的微小幸福。我們為何能夠享有這些呢？會不會是因為上個世代的父親、母親做出了犧牲與忍耐呢？

　　跟六十多歲、七十多歲的委託人談過之後，我經常覺得我們真的欠上一個世代很大一筆債。父母那個世代為了把孩子拉拔長大，連好好過生活的時間都沒有。一想到這件事，就讓我覺得很心痛。何止是這樣呢？在家父長制的儒教文化影響下，許多母親幾乎無法進行任何的經濟活動，並且被強迫為家庭犧牲奉獻，而許多父親則必須胼手胝足辛勤工作。欠他們的債，我們究竟什麼時候才能還完？

到處跑開庭，也開始跟不少同
年女律師有了不錯的交情。

我們經常碰面，也會一起吃飯，
還有了小聚會。

主要的對話內容都是「育兒」。

女律師們天生都有馬麻的基因，
一講到小孩就停不下來了。

但是下一次……

庭上！

那證據是假的！

這是沒有依據的主張！庭上，原告律師現在正在提出模糊案件本算的臆測！

我們居然是在法庭上，
以原告律師與被告律師的身分見面。

案件的本算就在於這個證據的真偽！

這份記錄對話內容的證據已經得到公證了！

昨天的朋友成了
今天的敵人……

我們暫時休庭，稍後再繼續進行裁決。

好累喔T_T

既有趣又疲憊，
讓人又哭又笑的律師生活。

＿＿我們有辦法分開嗎？

價值。

啊，那個是委託人送來給妳的禮物喔。

是價值使我成長。

近來委託人經常稱讚崔律師呢，還會特地買禮物來送妳，哈哈。

有一個案件讓我知道，
離婚律師的價值，並不是只有讓委
託人能順利離婚時才會體現。

孩子整個晚上都在哭，他卻一直在裝睡！我也很累啊！上次他還用髒話罵我吧!!

結婚三年，太太因為育兒問題而與先生爭吵，最後決定訴請離婚。

我對他真的沒有愛了啦，真的過不下去了！

不是啊，孩子大便了就應該立刻清理嘛！但我老婆居然希望我去清吧！

她都不想想自己也有錯，還想離婚？氣死我了！

先生那邊似乎也累積了許多不滿，便透過對方律師提出回應。

……這樣應該就能立刻離婚吧？

就在訴訟過程中，委託人的一句話改變了一切。

她問：「立刻就會離婚吧？」
我想或許現在委託人需要的，
其實是跟先生好好對話也說不定。

我跟對方律師討論，
並向法院聲請夫妻諮商程序。

夫妻果然對這段婚姻都還有留戀。

哦？
您的先生也說了
一樣的話吧，

他人很好嗎？

來，現在就是輪到我出場的時候嚕♥

您的先生說他本來
很生氣，但案件進入審
理之後，他開始覺得
一切都很空虛。

我積極地把先生的感受
傳達給委託人。

最近在工作
上⋯⋯有點累，所
以確實有些事情沒
能做到⋯⋯

摸
來
摸
去

我與對方的律師，
成了委託人之間溝通的窗口。

……

您的先生說他工作上累積了很多壓力，他可能是想獨自克服這些問題吧。沒想到這會造成兩位溝通中斷……

在壓力很大的情況下又缺乏溝通，可能是這樣才會演變成雙方的衝突。

他好像是真的在工作上遇到了一些事情……

這種感覺就跟學生時期的戀愛諮詢非常像。愛情的煩惱果然到了幾歲都一樣。

委託人之所以必須隱藏自己的情緒，是因為害怕被拋棄，害怕像那片掉落的花瓣。

孩子整晚都在哭……人家不是都說，孩子滿周歲之前都很折磨人嗎？

孩子還沒滿周歲……

現在就離婚的話……

這對夫妻還愛著彼此。

而且，

他們也愛著孩子。

僅僅諮詢了三次，
他們便手牽著手離開法院。

律師，我不離婚了，
對不起

　　開庭之前，結束所有諮詢之後，我帶著當事人的憤怒與痛苦，用要把鍵盤敲碎的氣勢寫著訴狀，這時突然收到一封簡訊。

　　「律師，我不離婚了，對不起。」

　　這是常有的事。但聽到當事人這麼說，我的感受非常奇妙。我居然會因為其他夫妻和解而得到道歉……於是我收回放在鍵盤上的手，回了封訊息說：

　　「不需要抱歉。不，你不應該跟我道歉，請你們一定要幸福！」

_____尋找失去的碎片

嗚嗚……

……想必您真的非常辛苦吧。

我的工作之一，就是替委託人找回「遺失的碎片」。

您未來應該要好好過自己的生活才是。

好……我一定會的。

那「遺失的碎片」……

我絕對會好好過自己的生活。

以後……

可能是贍養費或扶養權，也可能是跌落谷底的自尊。

找回遺失的碎片這件事並不辛苦，
反而會讓我得到很大的共鳴
或大大的領悟。

可是……

再往前……！

再往前
一點！

律師～

那裡面有恐
龍的腳嗎？

在那
邊嗎？

妳有找到嗎？

有找
到嗎？

有看到嗎？

……

幫你找玩具的碎片
為什麼會這麼累呢T_T

但不管再怎麼累⋯⋯

你依然是「我的世界裡最柔軟的一塊」～

第三章

我們到此
為止吧

從頭到尾都是謊言的婚姻

那天的陽光格外耀眼。

甚至有些刺眼。

我老婆
說……

我以為是她
跟我生的那
個孩子……

其實不是我
親生的……

唉？

您做過基因檢
測了嗎……？

沒有……

應該先做基因
檢測才對。您心裡可
能會很不好受,但還
是要先確認雙方的
親子關係。

好……
我會回去做
完再來。

拿頭髮或牙
刷之類的東西
就行了吧？

對，
沒錯……

您心裡一定很
不好受，但還是請
您做了再來。

呆

狗血家庭劇的常見劇情，
親子關係鑑定。沒想到這居
然會真的發生在現實中……

幾週後,委託人再度來找我。

我甚至不知道該如何安慰他。

居然要說這種話，
讓人心好痛。

不光是原告，連孩子也會受到傷害。

這樣實在是太過分了。

……

原告甚至說他願意繼續扶養這個孩子，

顯然他非常愛護孩子。

被告，您有意支付多少贍養費呢？

……

被告

被告不是有意欺騙原告……

她也已經充分請求原諒了。

現在原告是什麼心情呢？

這麼可愛的孩子⋯⋯

就算把他放進眼裡
都不覺得難受。

要是有人說他不是我的孩子⋯⋯
那我可能會真的活不下去。

明明他可以上訴要求更高的贍養費，
但他選擇不要。

雖然官司就這麼結束，
但我卻覺得心如刀割。

希望世上不會再發生這種事了。

_____最好還是見面解決吧

我已經很忙了，但老公比我更忙，
所以有一些問題需要溝通時，我們
越來越常透過通訊軟體解決。

但透過通訊軟體對話，
會發現對話越來越離題。

這樣的通訊軟體對話，
確實可以拿到法庭上當作證據。

但也因為對話紀錄會一直留存下來，
更會讓人受傷、讓人耿耿於懷。

如果是見面講同樣的話，
就會像戀愛的時候一樣，
更在乎彼此的感受。

也會更仔細地去確認那一點一滴
累積起來的不愉快跟誤會。

在法庭上也是，如果原告、被告在
開庭當天，參與家事法庭調查時
親自見面，有時候會直接取消訴訟。

所以我現在也覺得，
吵架必須當面吵。

我們都太忙了，一直拖著等到
見面，有時候甚至會忘記要吵
架。而這也是最大的優點。

忙著討生活

為客戶諮詢久了，發現很多人都說衝突的原因是「忙著討生活」，我對這句話深有同感。結婚前，討生活的問題似乎不至於徹底占據我的身心，但以夫妻的名分跟別人綑綁在一起、多了家人之後，責任感卻越來越重。「愛」這樣的情感，不知不覺間被我們丟得很遠。

討生活已經很累了，我們不僅無法認同、撫慰彼此的辛勞，甚至像在競爭似地主張自己比對方更忙。無論是在工作場域還是在家中，我們的心都無法安放。

我認為，這種夫妻之間的衝突或情緒爭吵問題，絕對不只有發生在來找我的人身上。我相信大多數的家庭，肯定都至少經歷過一次這樣的問題。

以前我曾聽一個朋友說過，一個人在跟別人吵架的時候，要思考「這個問題是因為對方跟我都身心俱疲才會發生，還是對方真的對我做了無法挽回的事」。仔細

思考過後就會有答案。如果是前者，那只要有讓彼此能夠輪流說出心聲的機會，情緒的團塊大多都會如雪融般消失。

　　我們可不能因為忙著討生活，就忘了自己想要跟誰一起生活。當然，這是很困難的問題，對我來說也依然是。想必是每一對夫妻一輩子都需要面對的課題。

＿＿＿兩個朋友的殘忍聖誕節

我有一種叫
「年末病」的痼疾(?)

我總會希望每一年能有一個美好的結束，
因此會有買聖誕裝飾的問題。

但前幾年，
我在因緣際會之下一口氣
治好這個「年末病」。

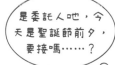

是委託人吧，今天是聖誕節前夕，要接嗎……？

不行，搞不好又發生了什麼事。

喂？

律師！我拿到老公外遇的證據了！

聖誕節前夕他居然還敢去外遇！

這可以告通姦，也會有贍養費吧？對吧？

那天，我發現我最愛的聖誕節也有陰暗的一面。

這是應該要跟心愛的人
共度的幸福節日。

也是最容易逮到外遇證據的日子。

一個月前，這位委託人跟
「朋友」一起來找我。

那個，我們是從小就認識的朋友。我們想一起打離婚官司。

對，我們必須一起……

嗯……怎麼回事？

我們從國高中開始就認識了。

啊……但為什麼要一起打官司？

要麻煩兩位解釋一下，我不太能理解……

通常做離婚諮詢時，都是當事人單獨前來，或是跟家人一起來。

因為我老公跟他的太太外遇了。

異性同學一起來，
讓我不自覺地用帶著一些
偏見的眼光看他們，
沒想到事實竟是⋯⋯

哎呀⋯⋯
原來如此。請問
兩位有證據嗎？

⋯⋯盡可能冷靜點吧。

在這裡。

遞出

金00速記工作室

時間：2013.12.4.

A：是荷娜嗎？她叫你富什麼？
B：別管她，我真的很想妳。

您是怎麼
取得這份證
據的呢？

寶貝，順便買蒜泥回來，我忘了跟你說了。

好，知道了，先這樣。

接著我就要去廚房準備當天的晚餐……

寶貝～寶貝！

寶貝～

委託人說這通本以為已經切斷的電
話，又持續了十五分鐘才結束。

雖無法說出全部的實際情況。但可以確定的是，兩位委託人的靈魂，在那十五分鐘之內肯定深深被傷害，非常痛苦。

庭上，就本案的情況來說，原告所受的精神傷害更為巨大。

原因在於被告是原告朋友的太太。

......

宋荷娜小姐，請問您明天兩點能來事務所一趟嗎？

隔天——

我們感情真的很好。

對，我們從小就像兄妹一樣……

後來是我先結婚，然後荷娜才結婚。

結婚之後，我們兩對夫妻一直都玩在一起。

雖然我們兩個是很好的朋友，但只有我們見面，會對另一半感到很抱歉。

我們會互相聯絡、關心彼此的狀況，也會分享難過的心情……

真的過得非常開心。

唉……

這部分當然是你要好好照顧荷娜阿！

就是會被這樣說我才不想講嘛！真是的！

還經常一起去旅行。

去旅行的時候……因為我們兩個不會喝酒，所以經常先睡。

他們兩個……也經常會在我們睡了之後繼續喝。

這裡真～的很棒，對吧？

下次也去江原道看看吧。

兩個人的關係，應該就是從那時開始的……

真是殘酷……

他們那場殘酷的法庭攻防，
持續了一年之久。

一年後──

律師，宋荷娜小姐前夫跟外遇對象被判有罪！

啊，真的嗎？

敬愛的裁判長，被告上週收到判處通姦罪有罪的判決文，我們希望提交此內容作為證據。

我就說聖誕節前夕很危險了！

他們兩人持續欺騙配偶並外遇，最後因為一起在旅館的照片，還有性行為的錄音逐字稿等證據獲判通姦罪，法官也判處他們必須支付贍養費。

什麼?!所以那是我的錯嗎？

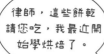

幾天後——

律師，這些餅乾請您吃，我最近開始學烘焙了。

她花了一整個早上做，想用來感謝您，呵呵。

那兩位請等等，我去泡我這次從香港買回來的奶茶來配，嘿嘿。

這真的很好喝吔，又很濃郁。

很適合配餅乾呢，呵呵。

對吧？餅乾真的好好吃，可以拿去賣了。

希望他們能獲得全新的聖誕節。

＿＿＿悲傷的家人證詞

五年前——

這位委託人因為太太總是
惡言相向而決定離婚。

後來他甚至提出「子女陳述書」，
就能看出他有多麼堅決。

於是我們以口出惡言與過度辱罵為理由，提起了離婚訴訟。

被告所說的不當行為是沒有根據的主張。

對於被告口出惡言一事，我們將提交子女陳述書作為證據。

這是作為證據提出的子女陳述……

等一下!!

我要聲請讓我的兒子來當證人！可以吧？！

一般在民事、刑事案件中，都會
非常願意請證人出庭進行詰問。

但離婚案件卻會避免詰問證人。
因為這是家庭問題，
是相當主觀的事情。

我決定接受被告提出的證人聲請。

通常不會接受聲請證人出庭，但這次卻例外。

因為被告沒有證據，也沒有律師。

奇怪‼為什麼要讓孩子來這種地方？不行！不可以‼

麻煩請證人入場。

離婚案件會拒絕進行證人詰問的真正原因……

是因為那會對子女造成很大的傷害。

……我將秉持良心，絕無隱匿，

並依照事實陳述……

……如有虛偽陳述，願受偽證之處罰，謹此具結。

……

詰問？

這個可以交給我嗎？

因為對方沒有律師，所以便出現了由母親詰問兒子的狀況。

……

被告請詰問證人。

二兒子的證詞

「家人證詞」的效力有多高，
這點就要交給法官來判斷了。

律師！

是？

看來
……

要聲請讓我大兒子來當證人了。

法官，我們要聲請原告與被告的長男出庭作證。

被告平時在家口出惡言到什麼程度？

最後原告承認外遇，
也支付了贍養費。

但孩子們的母親勝訴之後，
真的會快樂嗎？

現實中的故事一點
也不輸給連續劇。

結婚的核心是夫妻

律師，預約諮詢的委託人來了。

啊啊，好！

魚貫走入———

請問當事人⋯⋯是哪一位呢？

咦？

就是因為這樣，才會需要當事人親自來。

今天就諮詢到這裡，我希望能直接與令郎討論這件事。

當事人沒有出席，
就這樣結束了兩小時的諮詢……

您為何會決定要離婚呢？

……

隔天，我與委託當事人諮詢。

……我太太跟我媽、我姊關係變得非常糟糕。

我媽媽說她再也受不了了。

與其說委託人想要離婚，
不如說這是他不得不的選擇。

調解日，
夫妻的衝突更加劇烈。

調解就這樣結束……

恰巧，這段時間我也頻繁接到
「因與家人之間的問題」而起的委託案。

訴狀上寫著因為岳家過度
干預與岳婿衝突*，
故希望能夠訴請離婚等內容。

—————
*岳婿衝突：岳父母與女婿之間的衝
突。

這能不能反告
他誣告啊？

我們真的
很委屈吧！

……

我沒有資格去計較
委託人的對錯。

我只能成為委託人的盾牌。

我必須成為委託人最堅實的盾牌。

但有時候仍會覺得⋯⋯
狀況好像不太對。

許多人用父母的標準與
價值觀來面對婚姻生活⋯⋯

卻忘了父母照顧孩子，
跟孩子婚後任意干預其婚姻生活，
是完全不同的兩個問題。

有些人連婚姻生活都要依
靠父母、兄弟姊妹。

有些人要讓父母幫忙教訓配偶。

婚姻生活應該是兩個人的事，
雙方父母跟手足應該只是
「協助」，重點還是夫妻。

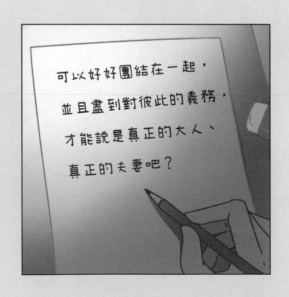

可以好好團結在一起，
並且盡到對彼此的義務，
才能說是真正的大人、
真正的夫妻吧？

最後大家都只在乎
自己的孩子

　　母女一起來做離婚諮詢時，許多人都會在我面前
展開激烈的爭執。神奇的是，大家吵的內容都很像。媽
媽都會要求女兒把孩子的扶養權給爸爸，去聲請探視就
好。而女兒則會認為可以放棄所有財產分割，但絕對不
能放棄孩子的扶養權。

　　「我現在這麼難過，媽，妳為什麼都不站在我這
邊？律師，請妳說服我媽啦。」

　　「要把孩子交出去，才可以有新開始啊。為什麼要
給自己找麻煩？律師，妳說服她一下。」

　　我是個母親也是別人的孩子，雙方的立場我都能理
解，也經常因此而困擾。但我覺得，這都是因為把孩子
看得最重要、凡事都只想到自己的孩子，不是嗎？一方
是心痛的母親，想到自己的孩子離婚已經很辛苦，還要

把孩子帶在身邊吃苦；另一方則是為難的女兒，因為結婚之後，孩子就成了自己的全部。

　　這就叫做母愛吧，真的就是這樣，愛就是會讓人忍不住放下一切堅持。

曾經當過專業間諜的人

數年前——

後來，不管其他條件如何，
只要聽到疑妻症、疑夫症，
我都會採取防禦性的姿態。

不過想請問您，
應該沒有外遇吧？
您必須要老實告
訴我才行。

我會將您說她
有嚴重疑夫症的主
張寫進訴狀裡。

哎喲，我絕
對沒有。

不過她疑心
病真的太重了，
害我還曾經想
離家出走。

到了調解當天。

很好，很好……
很好……

這次是
跟律師外遇
是吧？

咦？

這是什麼
意思……

我心想，連我也被當成外遇對象，
看來的確是疑夫症沒錯。

這位委託人，則是因為受不了
婆婆過度干預生活而來找我。

到這個時候，我都還沒有親身體會
過所謂的干涉究竟有多麼嚴重……

另外一件訴訟。

三個小姑一天到晚在折磨我……

我覺得我都快被煩死了……

她們三個一直輪流來煩我……

輕拍

嗚啊啊啊

哎呀，怎麼會這麼過分……

由於被告的幾位姊姊過度干涉，使原告承受無比的痛苦。

這是毫無根據的主張，庭上。

我主張委託人的小姑過度干涉婚姻生活。

請原告方補強一下證據，下次庭審時再重新提交。

嗯……

就在我開完庭後走出來時……

這時候我驚覺比起聽別人說一百句，
親身經歷才是最好的「震撼教育」。

真希望法官能看到這一幕。

遲來的告白

律師，法律要拆散我們……

請幫幫我，讓我能夠不要離婚……

一名六十多歲的男性，
拿著一審判決文來找我。

疏於照顧家庭與施暴

判決主文
判處原告與被告離婚。

- 1 -

……

通常為了上訴而來找我的人……

請盡量幫我避免財產分割。

希望是我來付贍養費就好。

都會這樣說。

律師。

我真的很想跟孩子的媽生活在一起。

但是這位……

律師……

求妳

幫忙說服孩子的媽吧……

要是沒有她，我真的……

就沒有活下去的動力了……

卻很迫切地表達拒絕離婚的想法。

就這樣來到調解日。

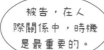

被告，在人際關係中，時機是最重要的。

你不覺得現在太遲了嗎？同意離婚，整理掉這段關係吧。

崔律師　　被告　　調解委員　　原告　　　原告律師

原告完全沒有復合的意願。

如果是因為贍養費而上訴的話，那原告願意不收取任何贍養費。

這一年多來到底都在做什麼……

這個人怎麼到最後都這麼累人。

……

259

老婆……對不起……我真的錯了……

我會好好對妳的。

十幾年來，我們都是為了老年生活在努力啊。

……

被告願意將所有財產都轉到原告名下，只希望原告能夠不要離婚。

真的一點轉圜的餘地都沒有嗎？

同一件事已經講一年了。

只是律師不知道而已，這些一審時已經都講過了。

雙方的離婚意願差異太大了。

要調解確實有些困難，還是請法官裁定吧。

聳肩

調解委員

委員，如果能夠再安排一次調解，說不定兩人之間還會有轉圜的餘地吧？

不要再調解了。

我們同是女人，妳也太過分了。

……

調解結束，
委託人露出悵然若失的表情。

看您要不要用更具體的行動求她原諒……

這是您個人需要努力的部分。

法律能夠提供的協助……還是有極限的。

這是當然的，
她怎麼也不肯接我的電話。

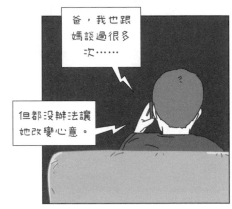

但我還有話想跟她說……

我兒子……可能是覺得
我很可憐吧，所以就說服
他媽媽跟我碰一次面。

她說謝謝我跟她道歉。

就這樣而已。

二審的法官也判定原告與被告離婚。

看來您已經接受這個結果了。

您的表情看起來輕鬆多了。

我已經求得她的原諒，這樣就夠了。

這都是因為我不好，我也不能一直抓著她不放……

我看過很多人因為「忙著賺錢養家」跟「生活太辛苦」，而對身邊的人造成無法挽回的傷害。

這是一個大晚說抱歉的
男人的故事。

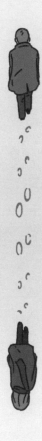

這是一個內心擺脫漫長煎熬的
女人的故事。

最後一次
親暱的稱呼

「四個星期後再見。」

我第一次透過連續劇接觸到這句話，當時的場景是在家事法庭的調解室。雙方當事人與律師會在調解室裡，為了避免對簿公堂而相互協商。

那是一起晚年離婚的上訴案。我是先生兼被告方的代理人，被告不希望離婚。在一審時，原告向法官痛訴她只求離婚，最後也得到離婚的判決。在二審調解時，我與被告像罪人一樣坐在調解室內，試圖說服調解委員與審判長，說沒有想到被告的行為會讓原告想離婚，以後一定會好好對待原告。

一審被告承認部分責任，成為法官判處離婚的原因，所以在二審推翻判決的機率非常低。但被告卻哭著向許久未見的原告哀求，希望她能夠再好好考慮這個決

定。

　　被告也知道道歉來得太晚，因此在一小時的調解結
束後，被告也接受了離婚的結果。大家互相道別並準備
離開時，被告說：

　　「最後可以再這樣叫妳嗎？老婆，跟我過了這麼
久，辛苦妳了。」

　　從一審到二審都堅持離婚的原告說：

　　「謝謝你這麼說。」

祖父母探望孩子的權利

我們的父親、母親，
為了餵飽孩子、養育孩子
而辛苦一生。

當他們正想著自己已經盡了父母的
責任時，子女又生了自己的子女。

幾年前，我遇到一個讓我非常
困擾的案件。

因為令郎夫婦
都很忙嗎？

現在不都
這樣嗎？

因為兒子跟媳婦都非常忙，這
對祖父母便代為照顧孫子。

我的孫子們都叫
我「媽媽」。

一直到他們上小學
之前，都是我在照顧
他們一切吃穿。

原來是
這樣啊。

是喔……

原來如此……

她說不會讓孩子跟我們聯絡。

因為會一直想起我兒子，她會很難過……

我真的非常想念那幾個寶貝……

這種事情我該找誰說才好！

啊……您說的是會面交往權*嗎……

*會面交往權：讓不負責保護、養育子女的父母其中一方，能夠探視子女、跟子女接觸，或寫信、通電話的權利。

271

後來又有另一個案件。

是啊……

她一直把我當親生兒子看待。

我們每天都會碰面，就像住在一起一樣。

那您為什麼要來找我呢……？

其實我……雖然覺得這樣不太好，但還是開始了一段新的戀情。

你怎麼能這樣?!

我真的失望到不知道該說什麼！

但我岳母得知這件事後卻非常生氣，還說了很多不堪入耳的話。

她說每星期五、
六、日都可以幫
我照顧孩子……

我現在交往
的對象雖然沒結
過婚，但真的很
疼小孩。

她說會把我
的孩子當自己的
孩子來養。

啊，這很不
容易呢……她真的
是個好人。

我希望孩子
可以適應跟新媽
媽相處……

也希望能再
獲得幸福，這
樣很壞嗎？

275

美妍，妳會用手指比愛心嗎？

手指愛心？

岳母家現在依然到處掛著我太太的照片。

也會一直跟孩子說媽媽的事。

原來如此。兩位肯定是很想念已經去世的女兒，所以才會更加疼愛孫女吧。

妳媽媽常常會這樣做，妳試試看。

手指先這樣，再這樣……

不，不對，這是握拳頭啦，哈。

爸爸，你看這個。♥

是啊……
但我希望他們別再這樣了。

這孩子才五歲而已，我不希望她一天到晚都在聽大人說已經去世的媽媽。

經過這兩個案件，我能感受到祖父母對子女、對孫子女的心意。

也能理解為人子女想擺脫悲傷，為自己跟孩子找尋幸福的想法。

澆水

當時法律並未規範祖父母的會面交往權，因此更讓人感到苦惱，法官也更難以做出判決。

二〇一六年法律修訂，允許了祖父母的會面交往。

無論是父母還是後來成為父母的子女，其實都是為了自己的孩子吧。

_____家事法庭的點滴

在家事法庭的各個角落，
都能看見我們的人生。

我的選擇才是
我人生的正確答案

「你的選擇，才是你人生的正確答案。」

這是某部連續劇裡出現過的知名台詞，這句台詞一出場就帶給我很大的衝擊。因為活了這麼多年，從來不曾聽任何人說過「我的選擇就是人生的正確答案」。我們最常聽到的，或許反倒是「我可能會是錯的」也說不定。

人生在世都需要與人建立關係，能完全由自己決定的事情並不如想像中那麼多。小從挑選午餐菜色，大到選擇自己的職業等皆是如此。想回應家人的期待、得到周遭親友的稱讚、過上人人稱羨的生活就是人的本性，因此很多時候似乎也無可奈何。況且我們成長在隨心所欲地做選擇，就會受到批判的社會環境。

那些因為配偶外遇、施暴等問題，導致婚姻生活苦不堪言，最後決定結束這段婚姻的人，經常會說：

「是我都只想到自己嗎？」

「對父母感到很抱歉，都不敢跟他們說。」

「如果那時我再多忍耐一下，事情就不會變成這樣了吧？」

「通常這種情況，要怎麼做會比較好？」

　　會說這些話的人，通常都是在特定的情況下已經忍到極限、已經努力到極限的人。他們覺得自己只能做到這個地步，並想藉著這些問題來釐清這樣是否已經符合世界的標準。每當面對這些問題，我都會說：「我是來幫助各位的人，不是替各位做選擇的人。」然後會補充說：「只要您做出選擇，我會盡自己所能幫助各位，但若您對選擇還有疑慮，我建議您可以再努力一下。」

　　無論這世界說什麼，都希望人們可以傾聽自己的聲音。無論是被質疑為何要過這種生活、被責罵繼續忍耐下去就是傻瓜，或是被批評因為一點小事就草率決定離婚，不管別人是否批評你，都希望你能記得，正確答案就在你心裡。

第四章

都是為了幸福
才做這些事

_____準備好離婚了嗎？

接觸過許多委託人，
我也經常在想「大家是抱著
怎樣的心情提出離婚的」。

您曾經把自己
覺得難過的地方告
訴您先生嗎？

……

您決定離
婚的原因是
什麼呢？

最讓您感到難受
的部分是……？

結束一段婚姻時，
必須數次詢問自己，這個決定
是不是為了讓自己變得更幸福。

有些人回答得很明確。
「我現在可以離婚。」

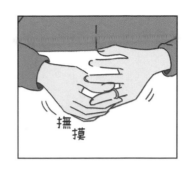

撫
摸

也有些人筋疲力盡,
只想找到漫長隧道的出口。
「離婚應該就能讓我幸福吧……?」

他只關心工作
跟小孩,一點都
不關心我。

我們在家也都
不說話……

有些人覺得活得很累,
甚至忘了該如何表達自我。

而且我們現在都
分開睡,他睡客
廳,我睡房間。

聽這些人描述自己的故事,
我經常覺得他們需要再跟自己、
跟對方有最後一次的對話。

我沒有權限與能力去
解決夫妻之間的問題，
但……

面對那些不是把離婚當成
「開啟人生新篇章的選擇」，
而是單純覺得
「從疲憊的日常獲得解放」的人，
我還是會逾越自己的本分去對他們說：

要不要再試
一次看看，把您
的想法跟先生好
好說清楚呢？

我看過很多人不
是依靠理性，而是在
感性的驅使下決定離
婚，最後卻感到非常
空虛且懊悔。

我清楚知道,倉促的離婚
會使一個人多麼痛苦。

287

人是後悔的動物。後悔會
從小小的火苗成為媒介，

觸發美化過後的回憶，進而
化作名為自責的燎原大火。

那時為什麼要這樣？

我都不知道那是我的錯。

都是我的錯。

有沒有辦法挽回？

我為什麼會這樣……

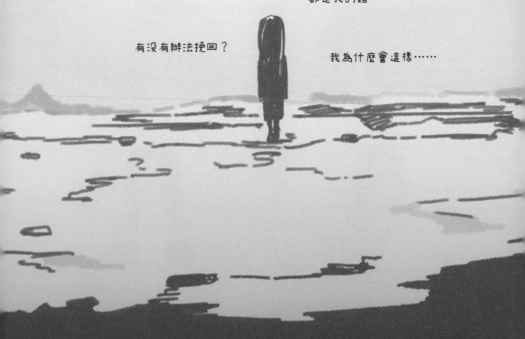

離婚之前，應該要盡力
去做自己能做的事。

那不是為了誰，而是為了自己。

離婚律師絕對
不會要人別離婚

　　不久前，我接受一個電台專訪，而相關的報導下面有這樣一則留言引起了我的注意。

　　「離婚律師絕對不會要人別離婚。」

　　如果沒有人離婚，那離婚律師就無法生存，所以這句話也不是沒有道理。但這句話實際上是錯的。

　　猶豫要不要離婚的人，總是會來問我：

　　「這個時候選擇離婚是對的嗎？」

　　但，該做決定的人並不是我。遇到這種情況，我通常會建議夫妻去諮商。也會建議對方，在產生「如果不離婚，我以後會一直過得很不幸」這種想法之前，趕快去找其他的機構諮詢，而不是來找我。

　　每個人都想得到幸福。有些人因離婚而幸福，有些人差點離婚，卻在法院的幫助之下沒有因離婚而感到幸

福。能讓自己幸福的方法，只有自己最清楚。

　　現在，我很清楚什麼事能讓我幸福，那就是當委託人做出決定時，我能在一旁盡力協助。每每面對這個時刻，我總會感到幸福，這就是我透過這份工作獲得的深刻體悟。

_____終於分開之後

與委託人一起結束短則幾個月，
長可達數年的離婚訴訟案之後，

我偶爾會好奇某幾位委託
人現在究竟過得如何。

婚後我一直
被打……

官司結束之後
我一定要找個
溫柔的男人。

我厭倦婚姻生
活了，我一定要
過單身生活。

律師，
沒有他，我還能
活下去嗎？

如果我只有自己
一個人，甚至沒辦
法好好吃飯……

隨著時間流逝，我偶爾會接到
　他們打來的電話。

律師，我遇到了一
個新對象，他對我真
的很好。我真的是第
一次遇到這麼認真聽
我說話的人。

啊，
真的嗎?!

律師，我結婚了！

我們結婚了！

叮咚

下午1:27

律師，我最近開
了間小店，開店真
的很適合我。
是一間主打泡麵

的店，有機
會來坐坐吧。是
專為單獨吃飯的
人開的店喔。

哇，
我一定找機
會去拜訪！

我記得他們在人生中最痛苦的
時刻所露出的表情，

因此更感謝他們的微笑。
他們選擇尋找自己的幸福，

為自己的選擇負責的模樣，
是最美的風景。

讓我知道如何突破
人生困境的委託人們，
是我最棒的老師。

＿＿＿媽媽是律師

每一次年節過後，案件總是特別多。

工作雖然辛苦……
但無法多花時間跟孩子相處，
才是最讓我掛心的事。

本來下定決心，
想說度過這場風暴後，
一定要好好陪孩子玩！
沒想到首爾的公司卻出了大問題。

不斷拜訪客戶、出差、開會……

雖然忙得不可開交，
但還是經常想起孩子。

1980年代出生的人們常見的離婚原因

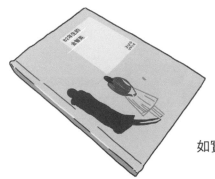

討論熱度極高的暢銷書
《82年生的金智英》，
如實描寫了1980年代出生女性的人生。

一九八〇年代生的人，許多都
是因為「個性差異」而離婚。

原本如膠似漆的新婚夫妻……

通常會在生兒育女時，
感受到彼此的個性差異。

我曾經遇過許多
這樣問我的人。

也讓我開始在想，這真的是
「個性差異」的問題嗎……

讓一九八○年代生的女性感到最苦的，
是結婚前有過一段社會生活的經歷，

但生了孩子之後卻只能專心生兒育女，
使她們逐漸失去尊嚴……

先生只把育兒當成是有空
「再去幫忙」就好的一件事。

如果網路上出現相關的討論文章，留言肯定會戰成一片。

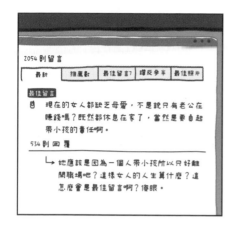

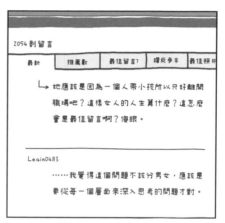

育兒問題難以在性別框架或男女對立的前提下解決。

……最後，原本打定主意要離婚的委託人，決定回家再跟先生好好談談。

可是……

妳怎麼會這樣想?!嗯?!

不然妳來賺錢啊!讓我休息嘛!

……什麼?

也許是家庭主婦讓人以為很輕鬆,
因此她先生才會想要辭職在家打理家務。

這對夫妻最後決定角色對調,
委託人便再度回到公司上班。

您現在所看到的企劃專案,已經轉寄給多家廣告業者……

而出乎意料的是,委託人的能力受
到公司認同,晉升成為高階主管。

委託人口中說出的話，內容竟跟我通常
會從男性委託人那裡聽到的一樣。

立場對調後⋯⋯
說出口的話卻跟另一半一模一樣。

我一整天在家打
掃、做飯、哄孩子
睡覺、等她回家，
結果她卻跟年輕男
職員去聚餐！

那女人好
像有外遇，
法官！

這根本是胡
說八道！

他自己在上班
的時候都是到
凌晨才回來!!

82年生的金智英、金智勳（八〇年代最常見的男性名字），
經常面對的問題與其說是男女對立、性格差異……

更應該說是「立場」的差異。
是這個案件讓我明白了這一點。

育兒雖然需要夫妻之中的一方
付出更多時間，

快點回來啦，
我真的好累喔
～好嗎？

但我們不能把這當成是
其中某一個人的責任。

育兒是爸爸、
媽媽要共同負起的責任。

……雙方先進行
調解，調解後再
擇日開庭。

媽媽～
爸爸？

張望

即使離了婚，
這也是不變的事實。

我想說1980年代生的人是
「夾縫世代」。

我希望可
以再請一次育
嬰假……

嗯？那是什麼
意思？公司現在
很忙吧……

雖與信奉家父長制、
以男性為中心的過往世代不同，

居然還沒有
法制化嗎？
唉唷……

但一九八〇年代生的她們，
要等到白髮蒼蒼的那天，
才有機會等到更好的
法規與社會共識。

案件審理即將開始。

遺憾的是，他們最後仍然分開了……

因為立場差異，造成雙方都很痛苦。

聽說三十多歲的夫妻常經歷這種問題。

……

工作與育兒，為了同時兼顧這兩者，
夫妻之間爭吵不斷。

我想跟這個時代的
智英與智勳說：

當夫妻無法解決所有問題時，
務必要找第三方專家來幫忙。

恐龍遊戲……

下班後的凌晨兩點，
我也是「82年生的金智英」。

金智英、金志勳，加油！

結了婚的朋友
都說別結婚

　　回想起結婚前的生活，會發現結了婚的朋友都提醒我千萬別結婚。我一直很好奇為什麼，不過我結婚後過沒多久，便也跟未婚的朋友說了同樣的話。

　　其實我結婚後更幸福了。新婚之初，我跟姊姊兩個人一起出國玩，甚至還帶著老公的T恤一起去呢。因為我希望藉著這種方式，讓自己在國外也能感受老公就在身邊的安心感。

　　可是孩子出生後沒多久，我大概有一年都沒能好好吃、好好睡。事隔已久跟朋友見面，我竟然開始希望有人能理解我的辛勞，於是我哽咽著說：

　　「妳千萬別結婚。」

　　這話才一說出口，我就明白這句話究竟是什麼意思了。

結了婚的那些人之所以會要未婚者別結婚，並不是因為婚後不幸福。而是因為雖然比自己一個人時更幸福，但為了獲得這份幸福，卻要付出超乎想像的努力。也許就是因此，大家才會說結婚要「做好覺悟」。

_____逢年過節的明智選擇

年節過後，
離婚諮詢的件數總會增加。

家事推給女性，

祭祖也推給女性。

岳婿衝突。

以及比較……

這些年節的壓力累積起來，
最終使人決心離婚。

非到萬不得已，怎麼會有人將
「年節」戲稱為「年劫」呢。

如果現在這一刻，你心愛的
那個人蓋著棉被輾轉反側，

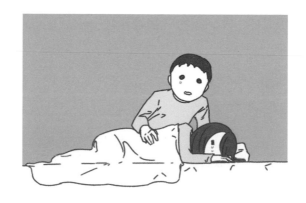

那麼你不如主動給他一句溫暖的安慰：
「對不起，我會對你更好。」

當然，如果只是說說，
那兩人很快會再度開始爭吵。

年節後離婚潮的主因……

是與父母聯手
一起攻擊自己的另一半。

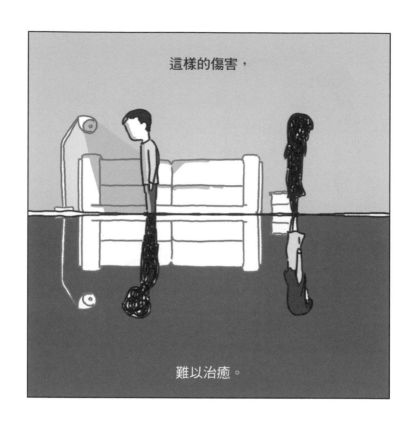

回想一下最初的心情吧。

夫妻無論何時都必須是「一個團隊」。

是懂得體諒與愛護的「一個團隊」。

來，

回想起過去了嗎？

現在開始，
用體貼與愛護錄下新的影像吧。

＿＿＿一點都不爽快

受到各式各樣的傷害後，
許多委託人來找我。

有些委託人遭受暴力。

有些委託人則面對高喊
要離婚的有責配偶*。

*有責配偶：要為婚姻破裂負起責任的配偶。

還有些委託人是慣性施暴的受害者。

319

每當面對每一個傾訴
人生有多麼痛苦的表情時，
我總會瞬間啞口無言。

但我國法律，無法使家庭暴力的
加害者，成為身無分文的窮光蛋。

無法使他們求饒，也無法讓官
司想拖多久就拖多久。

無法讓他們付出一億韓元*的贍養費，
更無法保證在一個月內就結束官司。

*約二百四十萬元新台幣

因此有時候，我必須對他們說出無力
且抱歉……甚至是令他們失望的話。

我只能思考在委託人的需
求與法律的標準之間，我
所能做的最大努力為何。

並且在法律的規範內，盡可能
讓委託人能一解心頭之恨。

不幸的是，像律政劇那樣大快
人心的結尾其實不多。

現實情況反倒是⋯⋯

這就是離婚官司最常見的結果。

但看到官司結束後,他們略微放心
的微笑,多少能讓我獲得安慰。

希望在他們經歷狂風暴雨之後,
我能夠成為一片有著涓涓細流,
令他們安心的豐饒土壤。

而且外遇、家暴所應付出的贍養費，
應該要比現在更高才對，必須比現在更高。

家暴 Me Too

　　在社群上上傳跟家暴有關的故事之後，便有許多人透過留言、透過私訊，分享自己年輕時期受到家暴的經驗。甚至還有我的朋友因為看到我的漫畫，而跑來跟我傾訴她的傷痛。在我的社群平台上，掀起了一股家暴Me Too風潮。

　　竟然有這麼多人暴露在家暴之中，我為什麼都不知道呢？

　　因為家暴而來找我的人一直都很多。但就像我們不會因為一間醫院的病患很多，就說世界上很多人生病一樣，我不會因為我有許多受家暴威脅的委託人，就認為世上有許多人受家暴所苦。可是開啟社群帳號之後，我發現忍受配偶家暴的人、在父母的暴力下長大的人，似乎比我想像的要多上許多。

　　只是因為她們連面對最親近的人，都無法把這些事

情說出口，其實大多數女性一生中，都經歷過至少一次的性犯罪。家暴或許也是一件本質上無法做出精準統計的事，是一個十幾年來都被社會看成是少數，以「也是可能會發生這種事啦」來一語帶過的嚴重問題。

無論是愛還是分開，都講究時機

一名年輕女性收到離婚起訴書。

您為什麼而來呢？

我老公在外面有了女人……

寄了起訴書來，希望跟我分開。

有責配偶的離婚請求……

雖然有機會能駁回，但還是請您想清楚。

離婚⋯⋯

應該不是
一定要同意
的吧？

如果您已經決
定好怎麼樣能讓
自己更輕鬆，

我會配合
您的決定規劃
訴訟方向。

幾天後——

我仔細想過
了⋯⋯我絕對
不要離婚。

讓他們兩個
一輩子都不能在
一起⋯⋯

好⋯⋯

我能理解
您的心情。

兩個月後——

您先生說即使離婚請求被駁回，他也還是會離開家裡。

這樣您還是堅決不離婚嗎？

對，我會守住我的家庭。

請家事調查官也別慫恿我離婚！

委託人十分堅持。

奇怪……

法院是可以這樣叫我離婚的嗎?!

在法庭上。

委託人有多堅持，她的先生就有多堅持。

您已經努力了六個月……

現在就要宣判駁回了，這是什麼意思……

我認為那是我對他的報復。

因為我太受傷了，所以才想要報復他。

可是仔細釐清我的想法後，

發現那應該只是留戀。

畢竟我們有更多美好的過往。

是留戀還是報復，這很重要嗎？

現在只要照您所想的去做就好，不需要因為壓力而被迫離婚。

最後，我們在宣判之前聲請再開辯論，
最後以雙方協議離婚、支付贍養費
為本起訴訟畫下句點。

如同愛需要時機一樣，
分開是否也需要時機呢？

脫下

不是因為收到起訴書而決定離婚，
而是在自己的心能接受時才離婚。

我認為這或許能讓當事人心裡，
比較不會留下疙瘩。

_____刺激的歡喜時刻

律師生涯中，
總會有令我感到莫大喜悅的時刻。

例如在一審敗訴的案件，

結果在二審徹底翻轉的瞬間
帶給我的喜悅與安慰。

還有讓一直說謊的被告，
露出真面目的那一刻。

這些都是讓我獲得感動的喜悅。

看見說謊時義正詞嚴的當事人低
頭認錯，我也覺得非常高興。

而其中最大的喜悅，

真是太好了，
真的太棒了～

律師妳可
以免費來我
這裡吃飯～

怎麼能免
費呢？但還是
謝謝您的這
份心意。

還是在官司結束之後，
委託人向我傳遞的感謝與好消息。

律師，我
遇到一個不錯
的對象，

前陣子跟她
再婚了。有點
不好意思……

怎麼會不好
意思呢？

您當時心裡
肯定很受傷，當然
需要透過新的對象
得到療癒。

為人諮詢是我的天職，
為人辯護則令我感激。

各位會在怎樣的時刻，
從工作上獲得喜悅呢？^^

你曾經幸福到喜極而泣嗎？
只是因為開心……不是笑出來，
而是哭出來的經驗。

實現夢想時的幸福。

辛苦到了盡頭時的幸福。

來自安心感、來自愛的幸福。

幾年前，我曾經去香港旅行。

來自美食的幸福。

來自感激的幸福。

你曾經因為幸福而哽咽嗎？
希望以後你的生活裡，
也能充滿這些事。

從兩個人到一個人：
只因想和美好的人一直走下去
崔唯娜◎著　王品涵◎譯

韓國教保文庫9.9顆星／IG追蹤數超過25萬
擁抱傷痛和疲憊的「愛與關係方法學」

「這本書或許能改變我的人生也說不定！」暢銷作家——王蘭芬
Podcast《只能喝酒的圖書館》主持人 Ting
作家／編劇／講師 劉中薇
專文推薦

GAS口語魅力培訓®創辦人／廣播主持人 王介安
唯品風尚集團執行長 周品均
專業推薦

我們都忘了，從來沒有一段關係是理所當然的。
時而覺得厭煩卻又時而帶來滿滿幸福的關係，
隨時都有可能消逝得彷彿從未存在過一樣。

在友情裡，我們有時忘記多問候一句「近來可好」；
在愛情裡，我們常常忽略對方所做的「雞毛蒜皮的小事」；
在親情裡，我們好像吝於和摯愛的家人說聲「我愛你」；
甚至，我們從未和認真活過每一天的自己說，「辛苦了」。

一段關係能帶來多少幸福，往往伴隨著多少痛苦。

明明想當初因為了解而結合，
竟走到沒發生任何事卻必須結束婚姻的結局：
不倫和外遇在法院的辯護台詞裡，成了讓人驚訝的邏輯；
經濟條件的窘境，讓剛硬的自尊心演化為互相猜忌怨懟的導火線；
情感倦怠了，只要一溝通，觸動的是無止無盡的疼痛傷口……
有人隱忍無愛關係，維持假性婚姻：
有人自由快樂單飛，成為一個人。

在12年的律師工作歷程中，
作者崔唯娜將自己定位為「離別與關係」專家，
她與個案一起思考做決定之前與做決定之後。
每一次專業諮商的底層，她記得教會她離別的父親、
她記得不再連絡的朋友、她深刻理解努力改變，
無論是從一個人到兩個人，或從兩個人到一個人，
每段關係的故事，是面對自己、搞定自己。
當兩個人總是吵吵鬧鬧感到疲憊的時候，
一個人獨自受傷痛苦的時候，不想要輕易放棄關係的時候，
讓作者崔唯娜陪伴你跨越關卡，一起走下去。

K原創 028

我們就此分手吧
從兩個人到一個人，
最暖律師淚光閃閃諮商日記

作　者｜崔唯娜
繪　者｜金炫元
譯　者｜陳品芳

出版者｜大田出版有限公司
台北市一〇四四五 中山北路二段二十六巷二號二樓
E-mail｜titan@morningstar.com.tw http://www.titan3.com.tw
編輯部專線｜(02) 2562-1383 傳真：(02) 2581-8761

總編輯｜莊培園
副總編輯｜蔡鳳儀
行政編輯｜鄭鈺澐
行銷編輯｜張筠和
校　對｜黃薇霓／陳品芳

初　刷｜二〇二四年六月一日　定價：四八〇元

網路書店｜http://www.morningstar.com.tw（晨星網路書店）
TEL：(04) 23595819 FAX：(04) 23595493
購書Email｜service@morningstar.com.tw
郵政劃撥｜15060393（知己圖書股份有限公司）
印　刷｜上好印刷股份有限公司
國際書碼｜978-986-179-869-1 CIP：544.361/113002584

① 立即送購書優惠券
② 抽獎小禮物
填回函雙重禮

國家圖書館出版品預行編目資料

我們就此分手吧／崔唯娜著；金炫元繪圖；
陳品芳譯. ──初版──台北市：大田，
2024.06
面；公分. ──（K原創；028）

ISBN 978-986-179-869-1（平裝）

544.361　　　　　　　　　113002584

우리 이만 헤어져요
Copyright ©2019 by 최유나 Choi yuna, 崔唯娜, 김현원 Kim hyun won 金炫元
All rights reserved.
Complex Chinese Copyright © 2024 by
TITAN Publishing Co.,Ltd.
Complex Chinese translation Copyright is
arranged with RH Korea Co., Ltd.
through Eric Yang Agency

版權所有　翻印必究
如有破損或裝訂錯誤，請寄回本公司更換
法律顧問：陳思成